INHALTSVERZEICHNIS

Smoothies zum Abnehmen

DIE 100 GEHEIMEN SMOOTHIE REZEPTE DER STARS - ABNEHMEN, ENTGIFTEN UND ENTSCHLACKEN WIE DIE PROMIS

Von HeluHelu Recipes

1. Auflage

ISBN: 1724662651
ISBN-13: 9781724662651

ÜBER HELUHELU RECIPES

HeluHelu Recipes verbindet einfache Rezepte mit absolutem Kocherlebnis. Leckere Rezepte aus der nationalen und internationalen Küche werden in ansprechender Art und Weise dargestellt. Die unkomplizierten Zubereitungsschritte sowie die kulinarischen Zutaten ermöglichen es jeden, egal ob jung oder alt, die vorgestellten Rezepte kinderleicht selbst Zuhause nach zu kochen und in den Genuss dieser Gerichte zu kommen. Ziel von HeluHelu Recipes ist es, mit seinen Büchern und eBooks den Lesern wieder mehr Freude am Kochen zu schenken und sie mit leckeren Speisen zu verzaubern.

Immer auf dem Laufenden bleiben

HeluHelu Recipes veröffentlicht in regelmäßigen Abständen neue Rezeptbücher und –eBooks mit genussvollen Gerichten. Um immer auf dem Laufenden zu bleiben und keine Neuveröffentlichungen zu verpassen, bietet sich der kostenlose Newsletter wunderbar an. Hier warten zudem unglaubliche Angebote sowie besondere Deals für die Newsletter-Abonnenten.

Der Link zu der Webseite lautet wie folgt:

www.heluhelurecipes.de

Besuchen und abonnieren Sie auch unsere Facebook Seite:

https://bit.ly/2FAsSYk

VORWORT

Was Smoothies sind, weiß mittlerweile fast jeder. Doch was sind Superfoods und warum werden sie mit Smoothies in Zusammenhang gebracht? Dieser Frage wollen wir in unserem kleinen Ratgeber nachgehen.

Es ist kein Geheimnis, dass Mutter Natur für jeden Bewohner dieser Erde gesunde Nahrung hervorbringt. Dies war schon der Fall, als Menschen noch in Höhlen lebten. Bis heute sorgt die Natur für das Wohl der Erdbewohner, unabhängig ob es Menschen, Tier oder Pflanzen sind.

Viele Menschen greifen zu Nahrungsergänzungen und bezahlen viel Geld dafür. Wir fragen uns: Warum? Künstliche Nahrungsergänzungen sind nur dann notwendig und sinnvoll, wenn es weder frisches Obst noch Gemüse gibt. Mit frischem Obst und Gemüse lassen sich schmackhafte und sehr gesunde Smoothies zubereiten, die Superfood Smoothies! Lassen Sie sich überraschen!.

SUPERFOOD SMOOTHIES

Ein Smoothie ist eben ein Smoothie. Angereichert mit grünem oder rotem Gemüse, Beeren, Samen, Meeresgemüse, Kakaopulver, Weizengras und andere natürliche Zutaten wird daraus ein Superfood Smoothie. Für das "Super" stehen beispielsweise sekundäre Pflanzenstoffe, die unterstützend auf die Gesundheit wirken. Im Grunde gehören alle aufgeführten Naturgaben in den Bereich Superfood. Warum?

Was ist superfood?

Es gibt viele Gründe, warum diese Naturgaben als Superfood bezeichnet werden. Sie sind Unterstützer für die Gesundheitsvorsorge. Daneben sorgen sie für Ihr allgemeines Wohlbefinden. Doch sie können noch mehr! Superfoods wirken Stress entgegen, sind bei der Abnahme von Körpergewicht hilfreich und halten den Alterungsprozess auf. Daneben entgiften sie den Körper, versorgen ihn mit Energie, wirken gegen Erkältungen und geben dem Gehirn viel Power. Ein wichtiger Aspekt fehlt noch. Hier ist er: Sie schmecken einfach lecker, insbesondere in Verbindung mit Smoothies.

Superfood ist keine Rarität, Sie finden ihn überall: im Supermarkt und Bioladen im Gemüseregal und draußen im eigenen Garten oder auf Ihrem Balkon. Balkon ist ein gutes Stichwort. Ziehen Sie auf Ihrem Balkon Kräuter, so haben Sie täglich frische Kräuter für Ihre Küche und natürlich für die Smoothies.

Es ist leider so, dass die Bestandteile unserer Nahrung von uns im Zeitalter von Fast Food nicht mehr wahrgenommen werden. Richten Sie Ihr Bewusstsein auf Nahrungsmittel wie Obst und Gemüse. Superfood ist Zaubermittel, sondern ist in einer gesunden Ernährung enthalten. Grünes Blattgemüse kommt aus dem Garten oder vom Bauern aus der Region und ist sehr gesund. Zum grünen Blattgemüse gehören auch Kohl, Brokkoli, Rucola und Blumenkohl. Kräuter wie Petersilie, Basilikum, Gemüse wie Sellerie oder Spinat für Ihre Kreation. Auch Löwenzahn und Brennnesseln eignen sich hervorragend für Salate und Smoothies. Zum Superfood zählt auch Sauerkraut, das Magen und Darm ins Gleichgewicht bringt.

Wer vor dem Fernsehapparat gerne knabbert, der kann dies mit Kürbiskerne, Walnüsse oder Mandeln tun. Das ist nicht nur gesund, sondern führt dem Körper auch viele wichtigen Stoffe zu. Mandeln beispielsweise enthalten viel Kalzium, Vitamin B und Magnesium, was nicht nur die Knochen stärkt, sondern auch das Risiko auf Bluthochdruck reduziert.

Sammeln Sie Beeren in jeder Form. Es müssen keine exotischen Beeren sein, in unserer Heimat reifen Erdbeeren, Brombeeren, Blaubeeren, Himbeeren und andere Beeren, die allesamt als Superfood bezeichnet werden können. Nehmen heimische Beeren, denn diese sind nicht nur frischer, sondern auch gesünder und preisgünstiger.

Ebenfalls zum Superfood gehören auch Ingwer sowie viele Gewürze; zwei davon haben es in sich: Oregano und Kurkuma. Kurkuma hat eine antioxidative und entzündungshemmende Wirkung. Oregano wächst auch bei Ihnen auf dem Balkon oder der Fensterbank und ist wirksam gegen Pilzinfektionen.

Superfood ist keine Arznei, die Sie Krankheiten bekämpft. Doch die Naturprodukte unterstützen den Heilungsprozess, stärken das Immunsystem und beugen verschiedenen Beschwerden vor. Um Superfood zu verstehen, brauchen Sie keine Studium mit Schwerpunkt Biologie. Sie sollten sich gesund ernähren, weniger tierische Produkte zu sich nehmen und Ihrem Körper die Nähr- und Aufbaustoffe zuführen, die er braucht. Was eignet sich besser als gesunde Zwischenmahlzeit als ein köstlicher Smoothie? Vermutlich nicht viel anderes.

Probieren Sie unsere Rezepte und kreieren Sie Ihren persönlichen Smoothie mit den Produkten, welche die Natur bietet.

Superfood Smoothies Diät

Genießen und dabei zur Bikini-Figur kommen, geht das überhaupt? Natürlich geht das, wenn man! Man mixe einen Smoothie, reichere ihn mit Superfoods an und schon ist die Diät-Mahlzeit fertig.

Für eine Gewichtsabnahme ist die Balance des Säure-Basen-Haushalts im Körper der wichtigste Faktor. Ist der Körper übersäuert, hat keine Diät der Welt die Chance zu funktionieren. Ursache für die Übersäuerung ist unsere Lebensweise. Wir essen zu viel Produkte aus Weißmehl, mit viel Zucker, trinken viel Kaffee und genießen Nikotin und Alkohol. Im Gegenzug erhält unser Körper zu wenig Gemüse und Obst.

Die schnelle Smoothie-Diät bringt das Säure-Basen-Verhältnis wieder ins Gleichgewicht und das in zehn Tagen.

Mischen Sie in Ihren Smoothie Gerstengras. In der Apotheke ist Gerstengras als Saft und Pulver erhältlich. Gerstengras hilft dem Körper, Schadstoffe auszuscheiden. Gleichzeitig fördert es das Ausleiten von

Giftstoffen, aber auch von Schwermetallen. Im Zuge dieser Aufgaben fördert Gerstengras den Aufbau neuer Zellen und neuem Gewebe.

Nehmen Sie für Ihren Smoothie Obst und Gemüse der Saison. Aktuell sind es Radieschen, Rucola, Äpfel, Datteln. In Verbindung mit Hanfsamen ergibt dies ein Superfood-Smoothie, das sich auf entzündungshemmend bei den Gelenken auswirkt.

1. SMOOTHIE MIT GRANATAPFEL

ZUTATEN

- 1 Granatapfel
- 100 g Cranberry
- 150 g fettarmer Joghurt
- evtl. Süßstoff
- 250 ml fettarme Milch
- Eiswürfel

ZUBEREITUNG

1) Beim Granatapfel am Kelchansatz ein keilförmiges Stück ausschneiden, die Frucht über einer Schüssel auseinanderbrechen.
2) Die herausfallenden Kerne in der Schüssel auffangen.
3) Für die Arbeit mit dem Granatapfel sind Einweghandschuhe zu empfehlen, weil der Saft abfärbt.
4) Legen Sie einen Esslöffel der Kerne beiseite und vermischen Sie Cranberry und Joghurt mit dem restlichen Granatapfel.
5) Milch, Eiswürfel und evtl. Süßstoff fügen Sie zuletzt zu und mixen das Ganze nochmals kurz durch.
6) Mit den zurückgchaltenen Kernen garnieren Sie den Smoothie..

2. APFEL-CRANBERRY-SMOOTHIE

ZUTATEN

- 100 g Cranberry
- 2 Äpfel
- 50 g fettarmen Vanillejoghurt
- 100 ml Molke

ZUBEREITUNG

1) Waschen Sie die Äpfel, reiben Sie diese trocken und schälen spiralförmig von einem Apfel die Schale ab. Dazu eignet sich ein Sparschäler. Beide Äpfel würfeln Sie grob.
2) Die Cranberry waschen und gut abtropfen lassen.
3) Geben Sie das vorbereitete Obst mit dem Vanillejoghurt in eine tiefe Schüssel und pürieren Sie es mit dem Stand- oder Stabmixer.
4) Geben Sie die Mischung in ein großes Glas, fügen Sie dann die Molke hinzu und nehmen die Apfelschale zum Garnieren.

3. SMOOTHIE MIT AVOCADO

ZUTATEN

- je 1 Bund Koriander und Frühlingszwiebel
- 2 Avocados
- 1 Limette
- 500 ml Kefir
- 450 g fettarmer (0,3% Fett) Joghurt
- 1 TL Wasabi-Paste
- Salz, Pfeffer
- 2 Handvoll Eiswürfel

ZUBEREITUNG

1) Den Koriander säubern, schütteln und die Blätter abzupfen.
2) Frühlingszwiebeln ebenfalls putzen, abtropfen und in Ringe schneiden.
3) Avocados putzen, halbieren, entsteinen. Mit einem Löffel da Fruchtfleisch herausholen. Alle vorbereiteten Produkte in den Mixer geben, alternativ genügt ein hohes Gefäß.
4) Limette auspressen, vom Saft 3 Esslöffel mit Kefir, Joghurt und Wasabi-Paste ebenfalls in den Mixer geben und pürieren. Alternativ verwenden Sie einen Stabmixer.
5) Die Eiswürfel geben Sie nach und nach hinzu, würzen den Smoothie mit Salz und Pfeffer

4. SMOOTHIE MIT BANANE, KOKOS UND CRANBERRY

ZUTATEN

- 1 Banane (klein)
- ½ Limette
- 1 EL Cranberry (getrocknet)
- 150 ml Kokosmilch mit 1,9 % Fettgehalt
- 2 EL fettarmer Joghurt
- Eiswürfel

ZUBEREITUNG

1) Banane schälen, 3 Scheiben vorab schneiden und auf einen Teller geben. Die restliche Banane mit einer Gabel zerdrücken, in eine hohe Schüssel geben und mit dem Stabmixer pürieren.
2) Limette waschen, trocknereiben und die Schale in dünne Streifen von der halben Limette abziehen. Dafür eignet sich ein Sparschäler.
3) Limette auspressen, Saft zum Bananenpüree geben. Die restlichen Zutaten zufügen und mit dem Stabmixer durchmixen.
4) Limettenschale und Bananenscheiben dienen als Garnitur.

5. SMOOTHIE MIT AVOCADO, KIWI UND APFEL

ZUTATEN

- Je ½ Avocado und Zitrone
- 1 Kiwi
- 50 ml Apfelsaft naturtrüb
- 100 ml eiskaltes Mineralwasser
- Eiswürfel

ZUBEREITUNG

1) Die halbe Zitrone auspressen, in eine hohe Schüssel geben, Den Stein aus der halben Avocado lösen, Fruchtfleisch herauslösen und zum Zitronensaft geben.
2) Kiwi schälen, 2 Scheiben für die Garnitur beiseite legen, den Rest würfeln und mit dem Apfelsaft zu Avocado und Zitronensaft geben.
3) Mit dem Stabmixer pürieren.
4) Ein Glas mit Eiswürfel bestücken, Püree zufügen und mit Mineralwasser auffüllen..

6. SUPERFOOD UND SMOOTHIE

ZUTATEN

- 250 g Heidelbeeren
- 1 Banane
- 4 Minzeblätter
- je 200 g Sojajoghurt und Acaibeeren-Mark
- Saft einer Orange

ZUBEREITUNG

1) Beeren putzen, abtropfen lassen.
2) Für die Garnitur auf einem Holzspieß abwechselnd Heidelbeeren und Minze aufstecken, beiseitelegen.
3) Banane schälen, in Scheiben schneiden, mit den änderen Zutaten im Mixer oder mit dem Stabmixer fein pürieren.
4) Wer möchte, der fügt noch kaltes Wasser hinzu.

7. SMOOTHIE MIT BEEREN

ZUTATEN

- Je 200 g schwarze Johannisbeeren und Heidelbeeren
- 1 Banane
- Saft von einer Orange
- 1 EL Honig
- 400 ml Milch

ZUBEREITUNG

1) Beeren waschen, verlesen, vom Stiel abstreifen und abtropfen lassen.
2) Banane schäle, in Scheiben schneiden, zusammen mit den restlichen Zutaten und etwas Milch im Mixer oder mit dem Stabmixer pürieren.
3) Restliche Milch zugeben, das Ganze durch ein Sieb passieren und in gekühlte Gläser füllen.

8. SMOOTHIE MAL GANZ EXOTISCH

ZUTATEN

- Je 1 Mango, Papaya und Banane
- 1 Stiel Zitronengras
- 300 g Fruchtfleisch von Melone
- Saft von einer Limette
- 150 ml Saft von Maracujas
- 2 Hände Eiswürfel

ZUBEREITUNG

1) Zitronengras putzen, das untere Ende (weiße Stück) abschneiden, längs vierteln und für die Garnitur beiseitelegen. Das abgeschnittene Ende ganz fein hacken.
2) Fruchtfleisch der Melone in Stücke schneiden, Papaya schälen, halbieren und die Kerne mit einem Löffel aus dem Fruchtfleisch schaben.
3) Mango schälen. Fruchtfleisch von Papaya würfeln, das von der Mango in Stücke schneiden. Banane schälen, in Scheiben schneiden.
4) Alles zusammen kommt in den Mixer gemeinsam mit den Säften von Limette und Maracuja.
5) Eiswürfel zugeben und mixen, bis es eine cremige Substanz hat.

9. SMOOTHIE MIT BLAUBEEREN

ZUTATEN

- 300 ml Buttermilch
- 100 g griechischer Joghurt
- 200 g Blaubeeren

ZUBEREITUNG

1) Beeren waschen und mit allen Zutaten im Mixer oder dem Stabmixer zu sehr feinem Püree verarbeiten.
2) Kalt servieren.

10. BLAUBEER-SMOOTHIE MAL ANDERS

ZUTATEN

- 500 g Blaubeeren
- 1 Vanilleschote
- 700 ml eiskalte Mandelmilch
- 1 TL Zitronensaft
- 80 g Sahnequark

ZUBEREITUNG

1) Beeren waschen, abtropfen lassen.
2) Aus der längs halbierte Vanilleschote das Mark kratzen.
3) Beeren, Zitronensaft und Vanille im Mixer oder mit dem Stabmixer zu feinem Püree verarbeiten.
4) Milch und Quark zufügen. Ergibt 4 Portionen.

11. SMOOTHIE MIT VERSCHIEDENEN BEEREN

ZUTATEN

- 150 g Beeren (beispielsweise Brombeeren, Heidelbeeren, Himbeeren, Blaubeeren)
- je 100 ml Kirschsaft und Heidelbeersaft
- 100 g Joghurt (gut gekühlt)
- 2 TL Zucker

ZUBEREITUNG

1) Beeren waschen, verlesen und gut abtropfen lassen.
2) Die schönsten sechs Beeren für die Garnitur beiseitelegen.
3) Die restlichen Beeren mit Saft und Zucker im Mixer oder mit dem Stabmixer pürieren.
4) Joghurt und Sahnequark gut verrühren, in Gläser füllen, das sehr flüssige Püree zugeben und mit den schönen Beeren garnieren.

12. SMOOTHIE MIT HIMBEEREN

ZUTATEN

- 300 g tiefgekühlte Himbeeren
- 150 ml Zitronenlimonade oder Apfelsaft
- Himbeersirup nach Belieben
- Zitronensaft nach Belieben

ZUBEREITUNG

1) Die tiefgekühlten Himbeeren mit Zitronen- oder Apfelsaft und Sirup im Mixer oder mit dem Stabmixer kräftig pürieren.
2) Abschmecken und Zitronensaft und Sirup nach Geschmack zufügen.
3) Etwa vier Esslöffel vom kalten Smoothie in den Gefrierschrank stellen.
4) Den restlichen Smoothie etwas auftauen lassen, in Gläser füllen und den gefrorenen Smoothie vorsichtig oben aufsetzen.

13. SMOOTHIE MIT GEMISCHTEN BEEREN

ZUTATEN

- Je 250 g rote Johannisbeeren und Brombeeren
- 500 g Blaubeeren
- 300 ml Kefir
- etwas Zucker
- 2 EL brauner Zucker
- 5 Rispen Johannisbeeren für die Garnitur zurücklegen

ZUBEREITUNG

1) Die Beeren waschen, abtropfen lassen, verlesen und die Johannisbeeren von den Rispen streifen; bis auf fünf Rispen.
2) Alle Beeren im Mixer oder mit dem Stabmixer ganz fein pürieren.
3) In Gläser füllen.
4) Die Johannisbeer-Rispen in Zucker wälzen und damit den Smoothie garnieren.

14. SMOOTHIE MIT GEMÜSE

ZUTATEN

- Je 1 Stange Staudensellerie und Salatgurke
- 2 Artischockenherzen aus dem Glas
- 1 TL eingelegten grünen Pfeffer
- Tabasco
- Salz
- Den Saft von 2 Limetten
- Kresse und Limettenscheiben als Garnitur

ZUBEREITUNG

1) Gurke schälen, längs aufschneiden, die Kerne entfernen und das Fruchtfleisch zerkleinern. Sellerie putzen, stückeln.
2) Vom Sellerie einige Sellerieblättchen für die Garnitur beiseitelegen. Die Artischockenherzen zerkleinern.
3) Alles mit den Pfefferkörnern, dem Limettensaft und etwas Crushed Ice in den Mixer geben und kräftig mixen. Nach Bedarf etwas kaltes Wasser zufügen.
4) Mit Tabasco und Salz den Smoothie abschmecken, in das Glas füllen und mit Sellerblätter und
5) Limettenscheiben garnieren.

15. SMOOTHIE MIT BROMBEEREN

ZUTATEN

- 250 g frische Brombeeren
- 1 Limette
- 2 TL Honig (flüssig)
- 300 ml Kefir (fettarm)
- 4 EL Crushed Ice

ZUBEREITUNG

1) Brombeeren waschen, verlesen, abtropfen lassen. Limette waschen, trockenreiben.
2) Von der Schale etwas abreiben, zwei Scheiben abschneiden und beiseitelegen.
3) Die restliche Limette auspressen, den Saft mit den Beeren, Kefir und Honig sowie dem Eis in den Mixer geben oder mit dem Stabmixer pürieren.
4) Abschmecken und in Gläser verteilen.

16. SMOOTHIE UND KAFFEE

ZUTATEN

- 400 ml starker Kaffee (frisch aufgebrüht)
- 2 Stiele Minze
- 40 g brauner Zucker
- 2 Bananen
- 20 g Mandelkerne
- ½ Vanilleschote

ZUBEREITUNG

1) Kaffee und Zucker vermischen, die halbe Vanilleschote längs aufschneiden, das Mark aus der Schote kratzen, Schote und Mark dem Kaffee zufügen, fünf Minuten ziehen lassen.
2) Vanilleschote herausnehmen, Kaffee abkühlen und für mindestens ½ Stunde in den Kühlschrank stellen.
3) Minze waschen, von der Banane vier Scheiben abschneiden (Dekoration).
4) Die restliche Banane schälen, mit den Mandeln und Kaffee im Mixer oder mit dem Stabmixer pürieren.
5) Eiswürfel zufügen und den Mix-Vorgang so lange weiter machen, bis die Eiswürfel grob zerkleinert sind.
6) In Gläser füllen, mit Minze und Bananenscheiben dekorieren.

17. SMOOTHIE MIT BROMBEEREN UND BLAUBEEREN

ZUTATEN

- Je 200 g Heidelbeeren und Brombeeren
- ½ l Milch
- 300 g Naturjoghurt
- 4 EL Zucker

ZUBEREITUNG

1) Beeren verlesen, waschen und ablaufen lassen.
2) Für die Dekoration werden 2 EL Heidelbeeren in eine Schale gelegt und für 30 Minuten in den Gefrierschrank gelegt.
3) In den Mixer kommen die Beeren, der Zucker, Milch und Joghurt.
4) Alles wird im Mixer oder mit dem Stabmixer fein püriert, in Gläser gefüllt und mit den angefrorenen Heidelbeeren garniert.

18. SMOOTHIE GEGEN HEISSHUNGER

ZUTATEN

- 1 Handvoll Blattsalat oder Blattspinat
- ¼ Gurke
- ½ Banane
- 1 Birne
- 150 ml Wasser
- 1 Messerspitze Zimt

ZUBEREITUNG

1) In den Mixer kommen alle Zutaten und werden etwa eine Minute gut durchgerührt.
2) Smoothie entweder in Gläser oder Flaschen füllen und gleich genießen.

19. SMOOTHIE MIT DATTELN UND AVOCADO

ZUTATEN

- 150 g getrocknete Datteln
- 2 Avocados (darauf achten, dass sie reif sind)
- 1 Limette
- 600 ml kalte fettarme Milch
- 50 g Mandeln
- 2 EL Ahornsirup

ZUBEREITUNG

1) Datteln von den Steinen befreien, Avocados schälen, halbieren, entkernen und vier Spalten vom Fruchtfleisch beiseitelegen (Dekoration), die restlichen Avocados in Stücke schneiden.
2) Limette waschen, trockentupfen, vier Spalten abschneiden und mit den Avocado-Spalten beiseitelegen. Die restliche Limette auspresse.
3) Avocado und 50 g Datteln mit Mandeln, Milch und Ahornsirup im Mixer pürieren. Knapp ¼ l Wasser und den Limettensaft zufügen.
4) Das Ganze auf vier Gläser verteilen, die restlichen Datteln auf Holzstäbchen stecken.
5) Gläser mit den beiseitegelegten Spalte von Limette und Avocado dekorieren.

20. SMOOTHIE MIT BANANE, MANGO UND BEEREN

ZUTATEN

- Je 1 Banane und Mango
- je 100 g Himbeeren, Erdbeeren und Blaubeeren
- ¼ l frisch gepressten Orangensaft
- 100 g Crushed Ice

ZUBEREITUNG

1) Banane und Mango schälen.
2) Banane in Scheiben schneiden, das Fruchtfleisch der Mango klein schneiden.
3) Alle Beeren waschen, evtl. verlesen.
4) Alle Zutaten im Mixer fein pürieren, in Gläser füllen und genießen.

21. GRANATAPFEL-SMOOTHIE

ZUTATEN

- 1 Granatapfel (groß und reif)
- 250 g Blaubeeren
- 200 g fettarmer Joghurt
- etwas Honig (nach Belieben)
- 300 ml fettarme Milch

ZUBEREITUNG

1) Aus dem Granatapfel am Kelchansatz ein keilförmiges Stück rausschneiden, den Apfel über einer Schüssel auseinanderbrechen, bis die Fruchtkerne herausfallen.
2) Einige Kerne beiseitelegen, die hellen Zwischenhäute der Frucht entfernen.
3) Restliche Kerne mit dem Apfel im Mixer pürieren, durch ein Sieb streichen und den Saft in einem Glas auffangen. Blaubeeren waschen, ablaufen lassen. Alle Zutaten im Mixer fein pürieren und, wer mag, Honig zufügen.
4) Zum Schluss kommt die Milch hinzu, das Ganze wird nochmals durchgemischt. (Granatäpfel verfärben die Hände, deshalb sind Einweghandschuhe zu empfehlen).

22. SMOOTHIE MIT ROTE BETE UND ORANGEN

ZUTATEN

- 1 Rote-Bete-Knolle (klein)
- 2 Orangen
- 10 g Ingwerwurzel
- 350 g fettarmer Joghurt
- 1 EL Agavendicksaft

ZUBEREITUNG

1) Rote Bete putzen und 45 Minuten in kochendem Wasser garen.
2) Orange waschen, zwei Scheiben für die Dekoration abschneiden und beiseitelegen. Die restliche Orange auspressen.
3) Ingwerwurzel putzen, schälen und ganz fein reiben. Rote Bete abgießen, schälen und in Stücke schneiden.
4) Alle Zutaten im Mixer fein pürieren, in Gläser füllen und mit den Orangen- oder Zitronenscheiben dekorieren.

23. SMOOTHIE MIT ERDNÜSSEN

ZUTATEN

- 1 kleine (etwa 150 g) Avocado
- 20 g geröstete, gesalzene Erdnüsse
- 3 Stiele Koriander (alternativ: Petersilie)
- 2 EL Limettensaft
- 125 g Kefir
- 75 ml fettarme Milch
- Cayennepfeffer, Salz und Paprikapulver

ZUBEREITUNG

1) Avocado halbieren, entkernen. Mit einem Löffel das Fruchtfleisch aus der Schale holen.
2) Koriander / Petersilie waschen, schütteln, Blätter abzupfen.
3) Fruchtfleisch der Avocado mit Erdnüssen, Kefir, Limettensaft, der Hälfte von Koriander /Petersilie sowie Cayennepfeffer im Mixer pürieren.
4) Milch zufügen, salzen.

24. ACAI-SMOOTHIE MIT HIMBEEREN

ZUTATEN

- 150 g tiefgekühlte Himbeeren
- 1 Passionsfrucht
- 300 ml Mandelmilch
- 100 ml Wasser
- 2 EL Haferflocken
- 1 EL Mandeljoghurt
- 1 gehäufter EL Acai (Pulver)

ZUBEREITUNG

1) Himbeeren kurz antauen, mit allen anderen Zutaten im Mixer durchmischen und in Gläser füllen.

25. GEMÜSE-SMOOTHIE

ZUTATEN

- je 100 ml Möhrensaft, frisch gepresster Orangensaft und Buttermilch
- 1 walnussgroßes Stück frischer Ingwer
- Schnittlauch
- 1 TL Honig
- Für die Dekoration: Möhrenstreifen

ZUBEREITUNG

1) Ingwer schälen.
2) Durch die Knoblauchpresse wird der Ingwer direkt in den Mixer gedrückt.
3) Alle weiteren Zutaten ebenfalls in den Mixer geben und gut durchmischen, das Ganze wird in gekühlte Gläser gefüllt und mit Möhrenstreifen und Schnittlauch garniert.

26. SMOOTHIE MAL SPICY

ZUTATEN

- 300 g tiefgekühlte Stachelbeeren
- 375 ml Buttermilch
- 1 Töpfchen Minze
- abgeriebene Zitronenschale von einer halben Zitrone
- Sambal oelek
- ca. 3 TL brauner Zucker
- Salz

ZUBEREITUNG

1) Beeren, Buttermilch, Sambal oelek werden zusammen mit Minzeblättchen, der abgeriebenen Zitronenschale und dem Sacht der halben Zitrone im Mixer erst auf Intervallstufe, danach auf höchster Stufe durch gemixt.
2) Mit Salz und Zucker abschmecken, evtl. mit Stachelbeere und Minzeblättchen garnieren.

27. SMOOTHIE MIT SANDDORN

ZUTATEN

- 1 Banane
- 2 Äpfel
- 80 ml Sanddornsaft
- 400 ml fettarme Milch
- 100 g fettarmer Joghurt
- 4 EL Honig

ZUBEREITUNG

1) Äpfel waschen, das Kernhaus entfernen und die Früchte in Stücke schneiden.
2) Banane schälen, in Scheiben schneiden und mit allen weiteren Zutaten im Mixer fein pürieren, in Gläser füllen und genießen.

28. BUTTERMILCH-SMOOTHIE MIT AVOCADO

ZUTATEN

- 1 Avocado (etwa 200 g, reif)
- 1 Zitrone
- 15 g Sonnenblumenkerne
- ½ l Buttermilch
- 150 g Magerquark
- Salz, Pfeffer

ZUBEREITUNG

1) Avocado halbieren, Kerne entfernen, Fruchtfleisch herauslösen und klein würfeln.
2) Die halbe Zitrone waschen, Schale abziehen, Saft auspressen.
3) Das Fruchtfleisch der Avocado mit dem Zitronensaft und den anderen Zutaten im Mixer pürieren, mit Pfeffer und Salz abschmecken und servieren.

29. CRANBERRY UND HIMBEEREN

ZUTATEN

- Je 150 g Cranberry und Himbeeren
- 100 ml roter Traubensaft
- Honig und Eiswürfel

ZUBEREITUNG

1) Beeren waschen, verlesen und im Sieb abtropfen lassen, in den Mixer geben und mit dem Traubensaft pürieren.
2) Süßen mit Honig, in eine flache Schale oder tiefen Teller füllen und für etwa 45 Minuten in den Gefrierschrank legen, Hin und wieder umrühren.
3) Die Masse aus dem Gefrierschrank nehmen, mit dem Handrührgerät kurz aufschlagen, in Gläser füllen und genießen.

30. SMOOTHIE MIT FENCHEL

ZUTATEN

- 1 Granatapfel (bitte mit Handschuhe hantieren, Granatapfel färbt intensiv ab)
- je 2 Bananen und Fenchelknollen
- 250 g Erdbeeren
- eine Handvoll Eiswürfel (ca. 10 Stück)

ZUBEREITUNG

1) Granatapfel andrücken, in zwei Hälften schneiden, die Kerne herausnehmen.
2) Fenchel putzen, Strunk herausschneiden, Fenchel in Stücke schneiden. Banane schälen, in Scheiben schneiden.
3) Erdbeeren putzen, in Stücke schneiden.
4) Das Ganze mit den Eiswürfeln in den Mixer geben und pürieren, bis sich eine feine cremige Substanz bildet.
5) In Gläser verteilen und genießen.

31. KNUSPRIGER SMOOTHIE

ZUTATEN

- 100 g Himbeeren (tiefgefroren)
- 45 g Cornflakes (knusprig)
- 5 EL fettarmer Joghurt
- 2 EL Magerquark
- 2 TL Vanillezucker
- nach Belieben: Minze und Himbeeren fürs Garnieren

ZUBEREITUNG

1) Die Himbeeren unaufgetaut in einen Rührbecher geben, 4 EL heißes Wasser, Joghurt zufügen und mit dem Stabmixer pürieren.
2) Dem Püree Magerquark zufügen und das Ganze kräftig zusammen mixen.
3) Süßen Vanillezucker.
4) Den Mix in ein Glas geben, Cornflakes drüber streuen und garnieren.

32. SÜSSER SMOOTHIE MIT MARZIPAN

ZUTATEN

- 300 g tiefgekühlte Himbeeren
- 100 g Marzipanrohmasse
- ¼ l Milch
- Zimt
- Zum Garnieren eignen sich Zimtstange, Minzeblatt und Himbeeren

ZUBEREITUNG

1) Würfeln Sie die Marzipanrohmasse in kleine Würfel, geben Sie die Würfel in den Mixer.
2) Fügen Sie die restlichen Zutaten hinzu und mixen Sie das Ganze kräftig durch, bis es eine geschmeidige Substanz hat.
3) Füllen Sie die Masse in ein Glas, nach Belieben garnieren Sie den Smoothie und genießen ihn sofort.

33. SMOOTHIE MIT GURKE UND AVOCADO

ZUTATEN

- Je ½ Salatgurke und Avocado
- ½ Bund Dill
- 300 ml Soja-Drink
- Zitronensaft (1-2 Spritzer)
- Salz
- Pfeffer

ZUBEREITUNG

1) Dill waschen, schütteln und die Spitzen abzupfen.
2) Die halbe Gurke putzen, der Länge nach halbieren, die Kerne entfernen, den Rest grob würfeln.
3) Das Fruchtfleisch aus der Schale der Avocado lösen.
4) Alle Zutaten in den Mixer geben und pürieren.
5) Würzen mit Pfeffer und Salz.

34. SUPER SMOOTHIE MIT GEMÜSE

ZUTATEN

- je 200 g Erdbeeren, Himbeeren und rote Trauben
- 1 Granatapfel
- 50 g getrocknete Goji-Beeren
- Sprossen wie Radieschen (etwa eine Hand voll)
- 3 Himbeerblätter
- ¼ l Rote Bete Saft
- brauner Zucker

ZUBEREITUNG

1) Erdbeeren und Himbeeren putzen, verlesen; Erdbeeren stückeln.
2) Den Granatapfel andrücken, die Kerne aus dem Gehäuse in eine Schale klopfen. Trauben waschen.
3) Die Beeren, Granatapfelkerne, Goji-Beeren mit dem Saft, den Sprossen und den Himbeerblättern in einen Mixer geben und pürieren und eventuell mit Wasser auffüllen.
4) Den Zucker zugeben, nochmals mixen. Das Ganze in Gläser füllen und servieren.

35. SMOOTHIE MIT ERDBEEREN UND KOKOS

ZUTATEN

- 250 g Erdbeeren
- 200 g Fruchtfleisch einer Kokosnuss
- 1 Banane
- 30 g getrocknete Goji-Beeren
- 400 ml Kokosmilch
- brauner Zucker (1-2 TL)

ZUBEREITUNG

1) Kokosfleisch stückeln, in den Mixer mit etwas Kokosmilch geben.
2) Banane schälen, in Scheiben schneiden, Erdbeeren putzen.
3) Beides mit 20 g Goji-Beeren zum Kokosfleisch in den Mixer geben und pürieren.
4) Langsam die restliche Kokosmilch zufügen, süßen und nochmals gut vermischen.
5) Die restlichen Goji-Beeren hacken.
6) Smoothie in Gläser füllen mit den gehackten Goji-Beeren dekorieren.

36. SMOOTHIE MAL GANZ ANDERS

ZUTATEN

- 300 g Blattspinat
- 2 Bananen
- ¼ l Mandelmilch
- 30 ml Ahornsirup
- je 1 EL Eiweiß-Pulver und Matcha-Teepulver
- 2 EL Mandelmus

ZUBEREITUNG

1) Alle Zutaten in den Mixer geben und mixen, bis die Masse eine cremige Substanz hat.
2) Das Ganze in zwei Schalen geben und nach Belieben garnieren.

37. SMOOTHIE MIT GOJI-BEEREN

ZUTATEN

- Je 50 g Himbeeren, Ananas und getrocknete Goji-Beeren
- 80 g Erdbeeren
- 1 Limette
- 120 ml Kokoswasser

ZUBEREITUNG

1) Erdbeeren und Ananas in Würfel schneiden, Limette schälen und vierteln.
2) Das Ganze mit Goji-Beeren und Kokoswasser im Mixer pürieren, bis es eine cremige Substanz hat.
3) In Gläser geben und genießen.

38. SMOOTHIE MIT BROMBEEREN

ZUTATEN

- 40 g Brombeeren
- 150 ml Milch
- 1 Prise Zime
- 1 EL Vanillezucker
- 1 TL Zucker
- Zum Garnieren: Minze

ZUBEREITUNG

1) Brombeeren waschen, verlesen, mit Zucker und Zimt im Mixer pürieren.
2) Das Püree in ein Glas füllen.
3) Der Milch Vanillezucker zufügen, beides gut mischen und aufschäumen.
4) Löffelweise den Milchschaum auf das Beerenpüree gebe, garnieren und sofort genießen.

39. SMOOTHIE MIT BANANE UND KAFFEE

ZUTATEN

- 200 ml Kaffee
- 1 Banane
- je 1 EL gemahlene Haselnüsse und Honig
- 1 Messerspitze Vanillemark

ZUBEREITUNG

1) Banane schälen, in Scheiben schneiden und mit den restlichen Zutaten im Mixer pürieren, bis eine schaumige Masse entsteht.
2) Die Masse in ein Glas füllen und, wenn gewollt, garnieren.

40. SMOOTHIE MIT HEIDELBEEREN

ZUTATEN

- 300 g Heidelbeeren
- 150 g Himbeeren
- 1 Banane
- ¼ l Kirschsaft
- 1 EL Honig
- Eiswürfel (etwa eine Hand voll)

ZUBEREITUNG

1) Banane schälen, stückeln und mit allen Zutaten im Mixer pürieren.
2) Das Ganze in zwei Gläser füllen, mit Heidelbeeren garnieren.

41. SMOOTHIE MIT VIELEN BEEREN

ZUTATEN

Für diesen Smoothie werden frische Beeren verwendet!

- je ½ Tasse Erdbeeren und Himbeeren
- je 1 Tasse Brombeeren und Heidelbeeren
- 1 kleinere Banane
- 100 g fettarmer Joghurt
- 2 EL feine Haferflocken
- Honig zum Süßen (nach Belieben)

ZUBEREITUNG

1) Beeren waschen, abtropfen lassen, Banane schälen und alles mit dem Joghurt und den Haferflocken im Mixer pürieren (auf höchster Stufe), bis die Masse eine cremige Substanz hat, evtl. etwas Wasser zufügen.
2) Mit Honig abschmecken und servieren.

42. SMOOTHIE MIT PAPAYA UND ORANGE

ZUTATEN

- Je 1 Orange, Papaya und Limette
- 1 EL Mandeln
- je 1 TL Keimöl und Rohrzucker

ZUBEREITUNG

1) Papaya schälen, entkernen und stückeln.
2) Limette und Orange auspressen.
3) Alles Zutaten in den Mixer geben und pürieren.
4) Das Ganze in ein Glas füllen und genießen.

43. HERZHAFTER SMOOTHIE

ZUTATEN

- je 100 g Feigen und Bananen
- 250 g Karotten
- 1 Würfel (etwa 2,5 cm) Ingwerwurzel
- 2 Eiswürfel
- 1 Orange

ZUBEREITUNG

1) Orange, Feigen und Karotten sowie Ingwerwurzel entsaften.
2) Banane, Saft und Eiswürfel in den Mixer geben und verquirlen.
3) Ergibt etwa 200 ml Smoothie.

44. SMOOTHIE MAL SCHWARZ/WEISS

ZUTATEN

Dieser Smoothie ist perfekt für Kinder ab dem 7. Lebensjahr

- 100 g Banane
- 150 g fettarmer Joghurt
- 2 EL fettarme Milch
- je 1 TL Schokoraspel und entöltes Kakaopulver
- 2 Walnusskerne

ZUBEREITUNG

1) Banane schälen, zerkleinern und im Mixer mit Joghurt und Milch zu einer schaumigen Masse pürieren.
2) Die Hälfte der Mischung in ein Glas füllen, Schokoraspeln und Kakaopulver zufügen und verrühren.
3) Walnüsse hacken und zur restlichen Mischung in den Mixer geben.
4) Das Ganze langsam über einen Löffel in das Glas zur Schokoladenmischung fließen lassen.

45. SUPER SMOOTHIE MIT SANDDORN UND WEIZENKLEIE

ZUTATEN

- 400 ml Kefir
- je 2 EL Weizenkleie und Agavendicksaft
- 5 EL honiggesüßte Sanddornvollfrucht
- 4-5 Eiswürfel

ZUBEREITUNG

1) Alle Zutaten im Mixer auf höchster Stufe mixen.
2) Die Masse in zwei Gläser füllen und sofort genießen.

46. SMOOTHIE MIT SOJA UND ANANAS

ZUTATEN

- 75 ml Soja-Drink
- 150 ml Ananas-Saft
- 50 g tiefgekühlte Himbeeren
- Eiswürfel

ZUBEREITUNG

1) Zwei Himbeeren für die Dekoration beiseitelegen.
2) Die restlichen Himbeeren mit den anderen Zutaten (ohne Eiswürfel) im Mixer oder mit dem Stabmixer pürieren.
3) Eiswürfel in ein Glas legen, Mischung darüber geben und mit den beiseitegelegten Himbeeren garnieren.

47. SMOOTHIE MIT MANDELN

ZUTATEN

- ½ Orange
- 125 ml Soja-Drink
- 100 ml fettarmer Joghurt
- 20 g gehackte Mandeln
- 2 TL Mandelsirup
- nach Belieben Eiswürfel

ZUBEREITUNG

1) Die halbe Orange waschen, eine Scheibe abschneiden und für die Dekoration zur Seite legen.
2) Orange auspressen und 1 EL Saft sowie die Hälfte der Mandeln beiseitelegen.
3) Den Rand eines Glases in den bereitgestellten Orangensaft, dann in die fein gehackten Mandeln tauchen.
4) Die restlichen Zutaten in den Mixer geben und kurz durchmischen.
5) Das Ganze in das vorbereitete Glas geben und mit der Orangenscheibe dekorieren.

48. SMOOTHIE MIT KOKOS UND SOJA

ZUTATEN

- 200 ml Kokosmilch (1,9 % Fettgehalt)
- 1 Baby-Ananas
- ¼ l eiskalter Soja-Drink (1,2 % Fettgehalt)
- 2 TL gehackte Pistazienkerne
- Eiswürfel

ZUBEREITUNG

1) Ananas vierteln. Zwei schmale Spalten von einem Viertel der Ananas für die Dekoration abschneiden.
2) Bei der restlichen Ananas den Strunk entfernen, die Ananas schälen und das Fruchtfleisch in Würfel schneiden.
3) Ananas mit Soja-Drink und Kokosmilch im Mixer pürieren.
4) Das Ganze in zwei Gläser füllen, garnieren mit Pistazien und den bereitgestellten Ananasspalten.

49. MINZE-SMOOTHIE MIT HIMBEEREN

ZUTATEN

- 175 g Himbeeren
- ¼ l kalte Sojamilch
- 1 EL flüssiger Honig
- Minze

ZUBEREITUNG

1) Himbeeren waschen, verlesen und einige Beeren für die Dekoration zur Seite legen.
2) Restliche Beeren mit Sojamilch und Honig im Mixer pürieren, mit Minze und den zur Seite gelegten Himbeeren garnieren.

50. SMOOTHIE MIT BEEREN-COCKTAIL

ZUTATEN

- 150 g tiefgekühlte gemischte Beeren
- 150 ml Cranberry-Saft
- 50 ml kohlensäurehaltiges eiskaltes Mineralwasser
- 2 Stiele Zitronenmelisse

ZUBEREITUNG

1) Zitronenmelisse waschen, schütteln und die Blättchen abzupfen.
2) Ein EL der gefrorenen Beeren beiseitelegen.
3) Die restlichen Beeren mit Cranberry-Saft in den Mixer geben und grob pürieren.
4) Das Ganze in ein Glas füllen, Mineralwasser zufügen, die beiseitegelegten Beeren zufügen und sofort genießen.

51. MINZE-CHINA MIT HONIGMELONE

ZUTATEN

- 1 Honigmelone, entkernt und ohne Schale
- 2 Gurken
- frische Minze (etwa 2 Hand voll)
- 2 EL Chiasmen
- ½ TL Weizengraspulver

ZUBEREITUNG

1) Alle Zutaten in den Mixer geben, mixen bis eine geschmeidige Substanz entsteht, in Gläser schütten und genießen.

52. KIWI-ERDBEEREN SMOOTHIE

ZUTATEN

- 2 Kiwis
- 2 Tassen Erdbeeren
- 1 süßer Apfel, groß
- 2 TL Maquipulver

ZUBEREITUNG

1) Kiwis schälen, in Stücke schneiden, Erdbeeren putzen und halbieren.
2) Apfel schälen, Kerngehäuse entfernen und in stückeln.
3) Das ganze Obst mit dem Maquipulver in den Mixer geben oder mit den Standmixer mixen bis das Ganze eine geschmeidige Substanz hat.

53. BEEREN UND SAHNE

ZUTATEN

- 2 Tassen Heidelbeeren (tiefgekühlt)
- 3 EL Hanfsamen
- 1 TL Maquipulver
- 1 ½ Tassen Wasser

ZUBEREITUNG

1) Beeren in den Mixer geben, Hanfsamen und Maquipulver zufügen.
2) Das Wasser nach und nach zugeben.
3) Den Mixer erst auf kleine Stufe, danach auf die höchste Stufe stellen.
4) Fertig ist der Smoothie, wenn die Masse eine cremige Substanz hat.

54. VITAMIN-C-BOMBE

ZUTATEN

- 3 sehr volle Tassen jungen Pak Choi
- 2 ½ Tassen Kokoseis
- ½ TL abgeriebene Zitronenschale
- je ¼ Tasse Zitronensaft, Limettensaft (frisch gepresst)
- 1 Tasse Kokoswasser

ZUBEREITUNG

1) Alle Zutaten in den Mixer geben oder mit dem Stabmixer gut durchmixen, bis eine Masse entsteht, die geschmeidig und frostig ist.
2) Wer will, kann noch nachsüßen.

55. GRANATAPFEL UND GRAPEFRUIT

ZUTATEN

- 1 Tasse Grapefruit
- 2 Tassen Erdbeeren (tiefgekühlt)
- 1 ½ Tassen Granatapfelsaft
- je 2 EL Hanfsamen und Maquipulver
- ½ TL Ingwerpulver

ZUBEREITUNG

1) Grapefruit schälen und in Stücke schneiden, restliche Grapefruit auspressen.
2) Alle Zutaten in den Mixer geben und gut durchmixen, in Gläser füllen und den Kernen vom Granatapfel garnieren.

56. VANILLE UND BROMBEEREN – EIN PERFEKTES PAAR

ZUTATEN

- 1 ½ Tassen Brombeeren (tiefgekühlt)
- ½ Tasse Heidelbeeren (tiefgekühlt)
- ¼ Tasse Cashewkerne
- 2 EL Hanfsamen
- 1 ½ Tassen Apfelsaft
- 1 Tasse Wasser
- 1 EL Lucumapulver

ZUBEREITUNG

1) Cashewkerne, Hanfsamen, Apfelsaft, Lucumapulver und Wasser in den Mixer geben und gut durchmixen.
2) Sobald eine geschmeidige Substanz erreicht ist werden die tiefgekühlten Beeren hinzugegeben und die ganze Masse wird nochmals durchgemixt.
3) Wer will, kann den Smoothie süßen.

57. KIRSCHE UND PISTAZIE

ZUTATEN

- 1 ½ Tassen entsteinte tiefgekühlte Kirschen
- je ¼ Tasse geschälte Pistazien, ungesalzen und getrocknete Gojibeeren
- 1 Tasse Wasser
- 1 TL Vanilleextrakt
- Etwa 1 ½ Tassen Eiswürfel

ZUBEREITUNG

1) Kirschen, Pistazien, Gojibeeren, Vanilleextrakt und Wasser in den Mixer geben und gut durchmixen, bis eine cremige und geschmeidige Masse entsteht.
2) Die Eiswürfel zufügen und nochmals durchmixen, bis die Masse frostig ist.
3) Wer möchte, darf nachsüßen.

58. PFLAUME UND MAULBEERE

ZUTATEN

- je eine ¾ Tasse Erdbeeren und Kirschen (beides tiefgekühlt)
- ¼ Tasse weiße Maulbeeren (getrocknet)
- 1 ½ Tassen Pflaumen
- 1 EL Acaipulver
- ½ Tasse Wasser
- etwa 1 Tasse Eiswürfel
- 1 TL Vanilleextrakt

ZUBEREITUNG

1) Beeren und Kirschen mit Acaipulver, Vanilleextrakt und Wasser in den Mixer geben und gut durchmixen, bis die Masse eine geschmeidige Substanz erreicht.
2) Eiswürfel zugeben, nochmals durchmixen, bis die Masse frostig ist.
3) Kurz abschmecken, evtl. nachsüßen.

59. DATTELN, CASHEWKERNE UND CHAI

ZUTATEN

- 2 große kernlose Datteln
- 3 EL Cashewkerne (roh)
- je 2 EL Hanfsamen, Kakaobohnen-Splitter, Macapulver
- 1 EL Chiasamen
- je ¼ TL Chlorellapulver, Kardamompulver
- je 1 TL Zimt, Ingwerpulver
- 2 Tassen Kokoswasser
- 1 Banane (tiefgekühlt)
- etwas 1 ½ Tassen Eiswürfel

ZUBEREITUNG

1) Cashewkerne, Hanfsamen, Kakaobohnen-Splitter, alle Gewürze mit Kokoswasser in den Mixer geben und gut durchmixen, bis die Masse homogen und cremig ist.
2) Die kalten Zutaten (Banane, Eiswürfel) zufügen und nochmals durchmixen, bis die Masse eine frostige Substanz erreicht.
3) Wer möchte, kann mit Süßstoff nachsüßen.

60. SMOOTHIE MAL GRÜN

ZUTATEN

- 1 Schälchen Babyspinat
- 2 Bananen
- 100 ml Wasser

ZUBEREITUNG

1) Spinat putzen, klein schneiden, Banane schälen, in grobe Stücke schneiden.
2) Alles mit dem Wasser in den Mixer geben und gut durchmixen.

61. KALTE-JAHRESZEIT-SMOOTHIE

ZUTATEN

- je 2 Äpfel und Birnen
- 1 Schälchen Feldsalat, alternativ Grünkohl
- 100 ml Wasser

ZUBEREITUNG

1) Äpfel und Birnen schälen, in Stücke schneiden.
2) Feldsalat putzen.
3) Alles in den Mixer geben, Wasser zufügen und das Ganze gut durchmixen.

62. SMOOTHIE FÜR DEN SOMMER

ZUTATEN

- je ½ Kopfsalat und Ananas
- etwa ¼ l Wasser

ZUBEREITUNG

1) Kopfsalat waschen, klein schneiden. Ananas schälen, das Fruchtfleisch ebenfalls klein schneiden.
2) Das Ganze in den Mixer geben, Wasser zufügen und gut durchmixen.
3) Fangen Sie mit dem Wasser klein an.
4) Geben Sie erst etwa 150 ml hinzu und schütten dann weiter Wasser hinein, bis die Masse die gewünschte Konstanz erreicht hat.

63. OBST UND SALAT

ZUTATEN

- 1 Banane
- 2 Äpfel
- 100 g Kopfsalat
- ¼ l Wasser

ZUBEREITUNG

1) Äpfel schälen, Kerngehäuse entfernen, Frucht klein schneiden.
2) Banane schälen, grob stückeln.
3) Kopfsalat waschen, klein schneiden.
4) Alles mit dem Wasser in den Mixer geben und gut durchmixen.

64. SALAT UND BANANEN

ZUTATEN

- 2 Bananen
- 100 g Kopfsalat
- ¼ l Wasser

ZUBEREITUNG

1) Bananen schälen, klein schneiden, Kopfsalat waschen, klein schneiden.
2) Beides mit dem Wasser in den Mixer geben und durchmixen, bis die Masse eine geschmeidige Substanz hat.

65. SMOOTHIE EXOTISCH

ZUTATEN

- ½ l Wasser
- 250 g Ananas
- 150 g Mixsalat (gibt es verpackt im Handel)
- 1 Mango

ZUBEREITUNG

1) Mango halbieren, entsteinen, das Fruchtfleisch stückeln.
2) Ananas schälen, Fruchtfleisch in Stücke schneiden.
3) Mixsalat gut waschen.
4) Die Zutaten mit dem Wasser in den Mixer geben und gut durchmixen, bis die Masse geschmeidig ist.

66. OBST MIT SPINAT

ZUTATEN

- 100 g Spinat
- 2 Birnen
- 1 Banane
- ¼ l Wasser

ZUBEREITUNG

1) Birnen schälen (mit dem Sparschäler geht das sehr gut), Banane schälen, beides in grobe Stücke schneiden.
2) Spinat waschen, klein schneiden.
3) Die Zutaten mit dem Wasser in den Mixer geben und mixen, bis das Ganze eine geschmeidige Konstanz hat.

67. VITAMIN-BOMBE

ZUTATEN

- 1 Orange
- etwa 4 Ringe einer Ananas
- 100 g Spinat
- ¼ l Wasser

ZUBEREITUNG

1) Orange waschen, Schale abkratzen.
2) Restliche Orange auspressen.
3) Ananas-Ringe in Stücke schneiden.
4) Spinat waschen und klein schneiden.
5) Alles mit dem Wasser in den Mixer geben und mixen, bis die Masse geschmeidig ist.

68. ORANGE UND KOPFSALAT

ZUTATEN

- 4 Ringe einer Ananas
- 100 g Kokosnussfleisch
- 1 Schälchen Spinat
- ¼ l Kokoswasser

ZUBEREITUNG

1) Ananas und Kokosnuss klein schneiden, Spinat waschen und ebenfalls klein schneiden.
2) Alles zusammen mit Kokoswasser (alternativ Wasser) in den Mixer geben und gut durchmixen, bis die Masse die Konstanz zeigt, die gewünscht ist.

69. BEEREN UND SPINAT

ZUTATEN

- 250 g gemischte Beeren
- 1 Mango
- 1 Schälchen Spinat
- ¼ l Wasser

ZUBEREITUNG

1) Beeren verlesen, waschen (tiefgekühlte Beeren auftauen und dann verwenden).
2) Mango halbieren, entkernen und das Fruchtfleisch klein schneiden.
3) Spinat waschen, klein schneiden.
4) Alle Zutaten mit dem Wasser in den Mixer geben und gut durchmixen.
5) Wenn die gewünschte Konstanz erreicht ist, in Gläser füllen.

70. ERDBEER-TRAUM

ZUTATEN

- 250 g Erdbeeren
- 100 g Romana Salat
- 1 Banane
- ¼ l Wasser

ZUBEREITUNG

1) Erdbeeren waschen, von Blättern und Stielen befreien, Banane schälen, grob stückeln, Salat waschen, klein schneiden.
2) Alles mit Wasser in den Mixer geben und gut durchmixen.

71. GURKE UND AVOCADO

ZUTATEN

- je ½ Gurke und Kopfsalat
- 1 Avocado
- ¼ l Wasser

ZUBEREITUNG

1) Kopfsalat waschen, klein schneiden, Gurke grob würfeln.
2) Avocado entkernen, Fruchtfleisch groß stückeln.
3) Das Ganze mit Wasser in den Mixer geben, durchmixen, bis die Masse eine geschmeidige Substanz hat.

72. WENN SICH MANGOLD UND INGWER VERBINDEN

ZUTATEN

- 2 Orangen
- 1 Banane
- 1 Hand Mangoldblätter
- 1 3cm-große Ingwerwurzel
- evtl. Datteln
- 400 ml Wasser

ZUBEREITUNG

1) Banane und beide Orangen schälen, beides mit dem Ingwer in den Mixer geben.
2) Mangold sorgfältig waschen, Blattgrün entfernen, zu den anderen Zutaten in den Mixer geben, Wer möchte, der kann Datteln hinzufügen und das Ganze süßen.
3) Wasser zugeben und das Ganze gut durchmixen.

73. GRÜNE SINFONIE

ZUTATEN

- ½ Avocado
- 130 g Spinat
- 1 ½ Hand voll Weintrauben
- 2 grüne Kiwis
- 1 Apfel
- ¼ Limette
- 1 Orange
- 300 ml Wasser

ZUBEREITUNG

1) Kiwi schälen und kleinschneiden, Apfel mit Schale grob würfeln, Spinat waschen, kleinschneiden.
2) Avocado längs aufschneiden, Fruchtfleisch in den Mixer geben.
3) Limette waschen und, wenn Bio, mit der Schale in grobe Stücke schneiden, Orange auspressen, den Saft in den Mixer geben.
4) Alle weiteren Zutaten in den Mixer geben und gut durchmixen, bis eine cremige Substanz entsteht.

74. MANGO UND MANGOLD

ZUTATEN

- je 1 Maracuja und 1 Banane
- 4 Mangoldblätter (alternativ 6 Blätter von Rote Bete)
- 150 ml Wasser
- 300 g Mangostücke (tiefgefroren)

ZUBEREITUNG

1) Von der Maracuja das Fruchtfleisch grob stückeln; die Mangoldblätter vom Strunk befreien, Banane schälen, grob kleinschneiden.
2) Mango, Banane und Avocado sowie die Mangoldblätter in den Mixer geben und gut durchmixen.
3) Die restlichen Zutaten zufügen, durchmixen, bis eine geschmeidige Substanz entsteht.

75. WILDKRÄUTER-SMOOTHIE

ZUTATEN

- je 1 Banane und Zitronenscheibe
- 2 Orangen
- 1 Handvoll Wildkräuter oder Petersilie
- 5 Aprikosen
- 150 ml Wasser

ZUBEREITUNG

1) Alle Zutaten waschen, Banane schälen, grob stückeln, von einer Bio-Zitrone eine dünne Scheibe mit Schale abschneiden.
2) Die Wildkräuter / Petersilie mit dem Wasser in den Mixer geben und pürieren.
3) Die restlichen Zutaten zufügen und gut durchmixen, bis eine cremige Masse entsteht.

76. PERFEKTER GRÜNER SMOOTHIE

ZUTATEN

- je 1 Handvoll grüne Trauben und Feldsalat
- je 1 Birne und Banane
- ½ Limette
- 150 ml Wasser

ZUBEREITUNG

1) Trauben waschen, von den Stielen befreien und in den Mixer geben.
2) Feldsalat waschen, verlesen und zu den Trauben geben.
3) Die Birne ungeschält zerkleinern.
4) Banane schälen, stückeln.
5) Die halbe Limette auspressen und etwas Schale abreiben.
6) Alle Zutaten in den Mixer geben und gründlich durchmixen, bis die Masse eine geschmeidige Substanz hat.

77. GOLDEN IST DIE SONNE

ZUTATEN

- 1 3cm-breite Ananas-Scheibe
- 2 Orangen
- 1 Herz Römersalat
- 100 ml Wasser

ZUBEREITUNG

1) Ananas schälen, eine Scheibe von etwa 3 cm abschneiden.
2) Die Scheibe Ananas in den Mixer geben, Salat waschen, grob zerkleinern.
3) Die Orangen schälen, zerkleinern.
4) Alle Zutaten mit Wasser in den Mixer geben, gut durchmixen, bis die Masse eine cremige Substanz hat.

78. STAUDENSELLERIE MAL ANDERS

ZUTATEN

- 2 Stangen Staudensellerie
- je 1 Scheibe Ananas
- 1 Orange
- 200 ml Wasser

ZUBEREITUNG

1) Staudensellerie waschen, grob zerkleinern.
2) Die Blätter vom Staudenellerie waschen.
3) Beides in den Mixer geben.
4) Von einer Ananas eine Scheibe von ca. 3 cm abschneiden, das Fruchtfleisch (ohne Schale) stückeln.
5) Die Orange schälen, grob zerkleinern.
6) Alle Zutaten im Mixer kräftig durchmischen, bis die Masse eine geschmeidige Substanz hat.

79. CHINAKOHL MIT HEIDELBEEREN

ZUTATEN

- 4 Blätter Chinakohl oder 1 Chicorée-Herz
- je 1 Banane und Orange
- 80 g tiefgefrorene Heidelbeeren
- 100 ml Wasser

ZUBEREITUNG

1) Chinakohl-Blätter waschen, den Strunk herausschneiden, Orange und Banane schälen, groß zerkleinern.
2) Chinakohl, Orange und Banane mit Wasser in den Mixer geben und kurz mixen, Heidelbeeren zugeben und alles gründlich durchmixen, bis eine cremige Substanz entsteht.

80. SMOOTHIE MIT ZIMT

ZUTATEN

- 2 Handvoll Spinat
- 2 Orangen
- je 1 Dattel und Apfel
- etwas ungeschälten Ingwer
- 1 Prise Zimt
- 100 ml Wasser

ZUBEREITUNG

1) Spinat gründlich waschen, grob zerkleinern, Orangen schälen, zerkleinern, den Apfel mit Schale und Kerngehäuse würfeln, die Dattel entsteinen.
2) Alles gemeinsam mit ungeschälten Ingwer, Zimt und Wasser in den Mixer geben und mixen, bis die Masse geschmeidig ist.

81. SMOOTHIE KLASSISCH WEISS

ZUTATEN

- 2 rohe Eier (Bio)
- je 1 Birne und Banane
- 3 EL Kokosmus
- 2 Pflaumen
- ein wenig geschälter Hanfsamen in Rohkostqualität
- 150 ml Wasser (nach Belieben etwas mehr oder weniger)

ZUBEREITUNG

1) Eiweiß, Eigelb, Kokosmus mit Hanfsamen in den Mixer geben.
2) Banane schälen, Birne entstielen, beides grob zerkleinern und ebenfalls in den Mixer geben.
3) Pflaumen entsteinen und mit Wasser zu den anderen Zutaten zufügen.
4) Erst auf kleiner, dann auf höchster Stufe durchmixen, bis eine cremige Substanz entsteht.

82. KOKOS-SMOOTHIE

ZUTATEN

- je 1 Banane und Mango
- 3 EL Kokosmus
- 1 EL Süßlupinenmehl
- je 2 EL Gojibeeren und Hanfsamen

ZUBEREITUNG

1) Banane und Mango schälen, grob zerkleinern und mit den anderen Zutaten in den Mixer geben und pürieren.
2) Wer möchte kann die Substanz geschmeidiger machen, indem Wasser hinzugefügt wird.
3) Nach Belieben mit Honig süßen.

83. SMOOTHIE MIT MANDELMILCH

ZUTATEN

- 3 EL Kokosmus
- 2 rohe Eier
- 1 Mango
- 1 Handvoll frische Hagebutten
- 200 ml Mandelmilch

ZUBEREITUNG

1) Hagebutten so öffnen, dass die Nüsschen entfernt werden können.
2) Eier aufschlagen und in den Mixer geben.
3) Kokosmus zufügen.
4) Mango entsteinen, Fruchtfleisch grob würfeln, mit den Hagebutten und der Mandelmilch ebenfalls in den Mixer geben.
5) Alles gut durchmixen, bis eine cremige Substanz entsteht.

84. ENERGIEBOMBE

ZUTATEN

- 3 große Blätter vom Schwarzkohl
- 200 g Erdbeeren
- 1 Apfel
- 1 kleines Stück Ingwer
- 2 Salbeiblätter
- ein wenig Minze
- 2 EL Goatchiebeeren (getrocknet)
- 1/8 Zitrone
- Wasser nach Bedarf

ZUBEREITUNG

1) Gemüse und Obst waschen, klein schneiden.
2) Goatchibeeren so lange in Wasser einweichen, bis sie wieder an die Oberfläche kommen.
3) Schwarzkohl-Blätter, Salbeiblätter, Minze mit Wasser in den Mixer geben und pürieren.
4) Dann die restlichen Zutaten zufügen und nochmals durchmixen (auf niedrigster Stufe).
5) Sobald die Masse eine Einheit bildet, den Mixvorgang langsam von Stufe zu Stufe erhöhen, bis die höchste Stufe erreicht ist.
6) In Gläser füllen und mit Minzeblätter garnieren.

85. VITAMINLIEFERANT SPINAT

ZUTATEN

- 2 Hände voll Spinat
- etwa das Drittel einer Salatgurke
- je 1 Birne, Orange und Banane
- 30 g Leinsamen
- Wasser nach Belieben

ZUBEREITUNG

1) Spinat, Salatgurke und Obst gründlich waschen, klein schneiden.
2) Spinat mit Wasser in den Mixer geben und auf kleinster Stufe mixen.
3) Dann die Geschwindigkeit erhöhen, bis die höchste Stufe erreicht ist.
4) Die restlichen Zutaten dem Spinat-Püree zufügen und wieder mit der niedrigsten Stufe beginnen, langsam erhöhen bis zur höchsten Stufe.
5) Der Smoothie ist fertig, wenn die Masse eine geschmeidige Substanz hat.

86. LÖWENZAHN SMOOTHIE

ZUTATEN

- 2 Handvoll Blattspinat
- 5 Blätter Löwenzahn
- etwa 1/3 einer Salatgurke
- je 1 Kiwi, Banane und Birne
- 30 g Chiasamen
- Wasser nach Belieben

ZUBEREITUNG

1) Spinat und Löwenzahn gründlich putzen, zerkleinern; Salatgurke waschen, grob würfeln.
2) Kiwi, Birne und Banane schälen, klein schneiden.
3) Das Ganze mit Chiasamen und Wasser in den Mixer geben und gut durchmixen, bis eine geschmeidige Masse entsteht.

87. HAWAII-TRAUM

ZUTATEN

- 2 Stangen Sellerie
- 2 Handvoll Spinat
- 1/3 Salatgurke
- etwa 150 g Ananas
- 1 Banane
- Wasser nach Bedarf

ZUBEREITUNG

1) Sellerie putzen, in grobe Stücke schneiden.
2) Spinat putzen, kleinschneiden.
3) Salatgurke waschen, grob zerkleinern. Ananas würfeln, Banane schälen und kleinschneiden.
4) Erst den Spinat mit Wasser in den Mixer geben und pürieren.
5) Die andere Zutaten zufügen und gut durchmixen, bis die Masse eine geschmeidige Substanz hat.

88. SÜSSE ZWISCHENMAHLZEIT

ZUTATEN

- 2 Handvoll Giersch
- 1 großen Apfel
- je 2 Datteln und Nektarinen
- Wasser nach Belieben

ZUBEREITUNG

1) Giersch waschen, mit Wasser in den Mixer geben und im Mixer auf höchster Stufe zerkleinern.
2) Apfel waschen, Nektarine waschen, entsteinen, beides grob zerkleinern.
3) Alle Zutaten mit Wasser in den Mixer geben und gut durchmixen, bis die Masse cremig ist.

89. FRÜHSTÜCK MAL ANDERS

ZUTATEN

- 1 große Handvoll oder
- 1 ½ Hände voll Eichblattsalat (rot)
- 1Banane
- ca. 150 ml Wasser

ZUBEREITUNG

1) Salat waschen, Banane schälen, grob zerkleinern, beides mit Wasser in den Mixer geben und gut durchmixen.
2) Anstelle von rotem Eichblattsalat eignen sich auch Feldsalat und Spinat.

90. PROST NEUJAHR SMOOTHIE

ZUTATEN

- 1 Stange Staudensellerie
- je 1 Birne, Avocado
- 4 Handvoll Feldsalat
- ½ Salatgurke
- 1 Zitronenscheibe
- 1 Stück Kurkuma
- knapp ½ l (etwa 400 - 450 ml)
- Quellwasser

ZUBEREITUNG

1) Salat waschen, verlesen, Gurke stückeln, Avocado mit Kern und kleingeschnittenen Sellerie mit etwa 150 ml Wasser in den Mixer geben und zerkleinern.
2) Mixer auf höchste Stufe laufen lassen.
3) Dann die Birne und die anderen Zutaten mit dem restlichen Wasser in den Mixer geben und gut durchmixen, bis eine geschmeidige Konsistenz erreicht ist.

91. VITAMINE PUR

ZUTATEN

- je 2 Handvoll Sanddorn und Wildkräuter
- ¾ Handvoll Brombeerblätter
- 2 kleine Äpfel
- 1 Handvoll Hagebutten
- nach Bedarf Wasser

ZUBEREITUNG

1) Wildkräuter und Brombeerblätter gründlich waschen, zerkleinern, Sanddorn und Hagebutten waschen, aufschneiden, Äpfel mit Schale grob zerkleinern.
2) Alle Zutaten in den Mixer geben und durchmixen, bis die gewünschte Substanz vorhanden ist.

92. WÜRZIGER SMOOTHIE

ZUTATEN

- je 1 Birne, Maracuja und Banane
- 2 Handvoll Ackersalat
- 1 Stück Ingwer, etwa ½ cm groß
- Kurkuma (etwa ½ cm groß)
- Wasser nach Belieben

ZUBEREITUNG

1) Obst und Salat gründlich waschen, Banane schälen, Maracuja, Birne putzen, grob zerkleinern.
2) Alle Zutaten mit Wasser in den Mixer geben und so lange mixen, bis die Masse geschmeidig ist.
3) Dann genießen!.

93. AROMA-SMOOTHIE

ZUTATEN

- Spinat (etwa 2 Handvoll)
- 1 Handvoll Ackersalat
- 3 Reneclauden
- 2 gelbe Pflaumen
- 1 Birne
- ½ Banane oder 1 kleine Banane
- eine etwa 2 cm lange Zimtstange oder gemahlenen Zimt (etwa 2 Prisen)
- Wasser nach Belieben

ZUBEREITUNG

1) Spinat und Salat gründlich waschen, grob zerkleinern.
2) Reneclauden und Pflaumen waschen, entkernen, Birne waschen, zerkleinern.
3) Banane schälen und kleinschneiden.
4) Alle Zutaten mit Wasser und Zimtstange in den Mixer geben und pürieren, bis die gewünschte Substanz erreicht ist.

94. SMOOTHIE ZUR HERBSTSAISON

ZUTATEN

- je 1 Banane, Apfel
- je 1 Handvoll Wildkräuter, Spinat
- 5 Blätter Palmkohl
- je ½ Salatgurke, Avocado
- 1 Zitronenscheibe
- 2 Orangen
- Wasser nach Bedarf

ZUBEREITUNG

1) Banane schälen, Apfel, Gurke waschen, Avocado waschen, entkernen, Fruchtfleisch herauslösen.
2) Spinat und Wildkräuter gründlich waschen.
3) Obst, Gemüse und Kräuter (ohne Orangen) zerkleinern und in den Mixer geben.
4) Orangen auspressen.
5) Orangensaft und Zitronenscheibe mit Wasser ebenfalls in den Mixer geben und gut durchmixen, bis eine geschmeidige Masse entsteht.

Tipp: Super Ergänzung zu den Zutaten sind Beeren, die noch im Herbst reifen und Hanfsamen.

95. AUGUST-SINFONIE

ZUTATEN

- je 1 kleine Gurke, Apfel, Birne
- je ½ Avocado, Fenchel und Kopfsalat
- 5 Kohlrabi-Blätter
- je 1 Handvoll verschiedene Beeren und Wildkräuter
- 3 Stangen Mangold
- Saft
- ½ Zitrone
- Wasser nach Belieben

ZUBEREITUNG

1) Obst und Gemüse waschen, zerkleinern.
2) Avocado waschen, halbieren und die Kerne entfernen.
3) Fruchtfleisch herauslösen, zerkleinern.
4) Die halbe Zitrone auspressen.
5) Alle Zutaten mit Wasser und Zitronensaft in den Mixer geben und so lange mixen, bis die gewünschte Konsistenz erreicht ist.

96. WILDE EXOTIC

ZUTATEN

- je 1 reife Maracuja und Mango
- 3 Handvoll Wildkräuter
- 2 TL Moringa
- ½ oder kleine Banane
- ein wenig Vanilleschoten-Pulver
- Kokoswasser

ZUBEREITUNG

1) Kräuter gründlich waschen, klein zupfen; Avocado entkernen, Fruchtfleisch mit einem Löffel aus der Schale lösen, Banane schälen, klein schneiden, Maracuja waschen, zerkleinern.
2) Zuerst die Kräuter mit etwas Kokoswasser im Mixer bei höchster Stufe pürieren, dann die anderen Zutaten und das restliche Kokoswasser zufügen und durchmixen, bis eine geschmeidige Masse entstanden ist.

97. GESCHENK DER NATUR

ZUTATEN

- 2 Handvoll genießbarer Blüten (Stiefmütterchen, Gänseblümchen, Vergissmeinnicht, Löwenzahn und andere)
- etwa 250 g verschiedene erntefrische Beeren
- 1 Stück Wassermelone (nach Geschmack mittelgroß bis groß)
- 1 2cm-lange Vanilleschote
- etwas Zitronensaft

ZUBEREITUNG

1) Blüten, Beeren waschen, verlesen, Wassermelone kleinschneiden.
2) Alle Zutaten in den Mixer geben und so lange mixen, bis die Masse eine cremige Substanz ist.

98. WINTERSTART (GUT BEI ERKÄLTUNG)

ZUTATEN

- 2 Handvoll Spinat
- je 2 Bananen, Orangen
- 1 mittelgroßen Apfel
- 1 Ananas-Scheibe
- ½ Avocado
- ½ Bund glatte Petersilie
- je 1 Stück frischen Ingwer und Kurkuma
- ein kleine Stück Limette
- 1 Prise schwarzen Pfeffer
- etwa 200 ml Wasser

ZUBEREITUNG

1) Petersilie waschen, schütteln, Spinat waschen, kleinschneiden, Apfel mit Schale grob zerkleinern.
2) Von einer Ananas eine etwa 3 cm breite Scheibe abschneiden, Ananas-Scheibe schälen, Fruchtfleisch grob zerkleinern.
3) Avocado halbieren, entkernen und von einer halben Avocado das Fruchtfleisch herauslösen.
4) Orangen auspressen.
5) Alle Zutaten in den Mixer geben, mixen, bis die gewünschte Konsistenz erreicht ist.

99. KRÄUTER IN HÜLLE UND FÜLLE

ZUTATEN

- je 1 Handvoll Lindenblätter, Brennnessel und Vogelmiere
- 1 Minze-Zweig
- je 2 Maracuja, Äpfel
- 1 Banane
- 1 Ananas-Scheibe
- 1 Orange
- Wasser nach Bedarf

ZUBEREITUNG

1) Orange auspressen, Kräuter sorgfältig waschen, evtl. verlesen.
2) Aus den beiden Maracujas das Fruchtfleisch lösen und grob zerkleinern.
3) Von einer Ananas eine etwa 3 cm dicke Scheibe abschneiden, die Schale entfernen, das Fruchtfleisch grob kleinschneiden.
4) Die Äpfel mit Schale zerkleinern.
5) Alle Zutaten in den Mixer geben, durchmixen bis die Masse eine geschmeidige Konsistenz hat.

100. EIN DURCH UND DURCH GESUNDER SMOOTHIE

ZUTATEN

- 2 Datteln
- ¼ Honigmelone (wer will)
- ¾ Salatgurke
- frische Minzeblätter
- 1 Limette
- ½ Zitrone
- Wasser nach Belieben

ZUBEREITUNG

1) Limette und die halbe Zitrone auspressen, den Saft mit den gewaschenen restlichen Zutaten im Mixer pürieren.
2) Ist die Masse zu dickflüssig, fügen Sie noch etwas Wasser hinzu.

ABSCHLUSS

Wir hoffen, dass Sie viel Spaß mit dem Rezeptbuch hatten und selbst die leckeren basichen Rezepte nachgezaubert haben.

Wenn Ihnen dieses Rezeptbuch gefallen hat, dann würden wir uns über ein Feedback von Ihnen freuen!

Herzlichst, HeluHelu Recipes

Rechtliches Und Impressum

Auf die verlinkten Inhalte hat der Autor keinen Einfluss. Deshalb distanziert der Autor sich hiermit ausdrücklich von allen Inhalten aller verlinkten Seiten, die nach der Linksetzung verändert wurden. Für illegale, fehlerhafte oder unvollständige Inhalte und insbesondere für Schäden, die aus der Nutzung oder Nichtnutzung solcherart dargebotener Informationen entstehen, haftet allein der Anbieter der Seite, auf welche verwiesen wurde, nicht aber der Autor dieses Buches.

1. Auflage

DiGi Generation GbR
Rodensteinstr. 22
64625 Bensheim

Vertretung: Dr. Özgür Dagdelen, Torben Gebbert
E-Mail: hallo@heluhelurecipes.de

13076302R00068

Printed in Germany
by Amazon Distribution
GmbH, Leipzig